从今天就要开始的久保田式育儿

打造天才大脑的
1岁教育

（日）久保田竞 著　杜菲 译

辽宁科学技术出版社
·沈阳·

目录

1岁应该
掌握的事情

通过行走练习，促进大脑的快速发育

制定目标，为实现目标而努力

　　双腿行走练习能够有效促进大脑的发育。我们常说，1岁阶段是孩子从四肢爬行逐渐掌握双腿行走方法、向成人进化的阶段。

　　因此，针对1岁孩子的训练，要以培养其双腿站立行走能力为重点。孩子向前迈步时，大脑的额叶联络区会发挥作用，确定迈步的力度、前进的方向，并将决定的结果传递给相应的肌肉。除此之外，行走训练还能够通过对视觉、听觉、触觉等感觉的运用，对大脑10号区域（前额皮质）进行刺激，进一步促进孩子大脑的生长发育。

从四肢爬行逐渐学会双腿行走

通过散步的过程，
了解各种知识，学会思考！

除此之外，妈妈要通过行走练习，锻炼孩子长时间保持脊背挺直的身体姿势，使其能够维持正确的坐姿，熟练地运用双手进行游戏。从孩子满1岁时开始，培养其运用自己的双手制作东西、进行玩耍的习惯，能够使孩子在较早阶段独立地制作出自己喜欢的物品，思考制作过程中各个动作的先后顺序。

最后，妈妈还要教会孩子将四肢的活动作为一种手段，来达到某种既定目的、完成某项动作。需要提醒的是，进行此项训练时，妈妈要有足够的耐心，要注意宝宝的劳逸结合。

活动四肢，
促进大脑的发育。

运用双手和道具
思考、
动手制作、完成!

孩子的潜力是无限的！

孩子的身上充满了各种可能，适当的刺激能够有效促进其大脑的发育

大多数的妈妈都希望自己的孩子聪明伶俐，在这里我想要强调的是，天才一词包含着很多的要素，学习好只是其中之一，因此，在教育孩子、将孩子培养成人的过程中，在传授孩子知识的同时，妈妈还要注重对孩子智力的培养。

智力指独立思考、关心他人、掌握社会知识等方面的能力。孩子具备了以上能力后，就会自然而然地了解、掌握相应的知识。

本书主要对让孩子具备出类拔萃的智慧、将孩子培养成卓越人才的具体方法进行了详细介绍。书中介绍的方法可能会有一些难度，希望各位妈妈不要轻言放弃，将对孩子的训练进行到底，因为，孩子的潜力远远超出了我们的想象。

在《打造天才大脑的0岁教育》一书中，主要是对给孩子施加适当的刺激、促进大脑产生更多的具有连接神经细胞作用的突触、促进神经回路形成的方法进行了详细介绍。

孩子满1岁后，训练的重点要放在对新的事物、行为的传授方面

到达1岁阶段后，记忆新的事物、掌握新的动作对孩子尤为重要。因此，在这一阶段中，妈妈要教会孩子有效利用已经形成的神经回路，进一步增加大脑内突触数量的方法；传授其作为区别于其他动物的人类所特有的四肢、嘴等部位的运动、活动方式。

通过双腿站立行走的练习，促进大脑额叶联络区的发育是本书的主旨。据记载，200万年前，我们的祖先（直立猿人、原人）就是通过对大脑内额叶联络区的有效运用，逐步扩大其大脑体积的。与之相应的是，对人类大脑的研究结果显示，对人脑内额叶联络区进行锻炼，能够有效提高人的智力，使人变得更加聪明。

开始本书的介绍前，我想首先检测一下各位妈妈对一些简单常识的掌握情况，不知道各位妈妈是否了解以下事实：

孩子刚出生时，经常性地让其观察人物的面部，逐渐地孩子开始自发地观察、识别他人的面部特征，进行模仿、预测等；出生2~3周后，孩子便能够模仿人物的各种表情，即使是从未见过面的陌生人……

错过了0岁教育阶段，从孩子满1岁时开始相应的训练也为时不晚。对孩子施加刺激的同时，要给予适当的奖励。

孩子具备的潜在能力远远超过我们的想象，因此，妈妈要善于诱发孩子各方面的兴趣、扩大训练所涉及的范围，待孩子能够顺利完成相应的动作、行为后，给予适当的奖励。

孩子在1岁时，其大脑仍处于不断发育的过程之中，因此，妈妈要趁此阶段，对孩子施加更多的刺激，进一步激发孩子的各种潜在能力。

1岁教育

为什么1岁教育如此重要呢？

能够独立完成双腿站立行走动作后，人类智力的发展取得了飞跃性成果。

孩子在1岁左右时，其大脑内也会发生巨大的变化，因此，对刚刚学会走路的孩子的大脑进行训练时，要具有一定的特殊性、针对性。

孩子1岁时期的主要特征

学会行走，视野逐渐扩大，语言能力大幅度提升

开始出现男女差异、出现喜爱与厌恶的情绪

孩子刚刚出生时，只能够做出一些简单的原始性反射行为。经过1年左右的时间，其全身各部位都会发生较大变化，如，大脑容量逐渐增多，变为原来的2倍，重量达到900g；体型逐渐成形；经过坐立期、爬行期，最终掌握独立站立的方法等等。

孩子学会行走后，其行动范围会进一步扩大，开始对各种不同的事物产生兴趣。同时，随着所接触世界的不断扩大，孩子会产生自己独特的喜好，男女不同性别的孩子表现出不同行为的趋势也更加明显。例如，男孩子会沉浸在自己的世界里，一个人默默地玩耍；相反，女孩子会更加喜欢一边与对方进行语言的交流，一边玩耍的游戏方式。在这一阶段，虽然还不能顺利地说出完整的句子，但孩子已经具备发出简单词语、进行简单寒暄的能力，表达能力较之前也出现大幅度提高，因此，从这一阶段开始，让孩子进入正式的学习，再适合不过了。

除此之外，这一阶段内，孩子的好恶会更加分明，开始能够自发地发出某种主张，如，遇到自己不喜欢、不想做的事情会连续发出"不要"的抱怨等。因此，与0岁教育阶段相比，针对1岁孩子进行教育时，妈妈必须要具有耐心，要注重与孩子的相互沟通。

妈妈需要完成的准备工作

打造天才大脑的5项"铁则"

不将自己的孩子与其他孩子作比较

　　孩子1岁时，由于生活环境的不同，其生长发育情况可能会出现较大差异。经常抱怨孩子不能完成相应的动作，是婴儿教育过程中的一大禁忌。训练过程中，妈妈要耐心，一个动作、一个动作，手把手地传授孩子相应的方法。

总体方针不能改变

　　根据自己的情况、为了自己方便，不断改变教育方针，会使孩子失去干劲。因此，总的方针一旦确定，就要坚持到底，不能做任何改变。

时刻保持与孩子的对视状态

与孩子说话时，要与其对视，以便进行感情的相互传递。除此之外，在教会孩子某一事物、行为时，一定要将相应的对象（物）展示给孩子看。

要遵守约定，不能食言

为了使孩子尽早具备基本的社会常识、掌握各种规则，答应孩子的事，一定要完成，不能食言。

气势上要强于孩子

孩子的能力远远超乎我们的想象，在训练过程中，妈妈一旦失去主导权，就会被孩子所轻视、看不起。因此，必要的时候，妈妈可以变得严厉一些。

孩子对任何事物都提不起兴致的原因

额叶联络区发育正常的孩子，不会出现提不起兴致的情况

让孩子对事物失去兴趣的3个原因

孩子满1岁后，很多妈妈都会面临孩子对某些事物失去兴致的问题。例如，当发出"宝宝，咱们去洗澡吧"等询问时，孩子会果断地拒绝说"不要"；告知"妈妈给你换尿布啦"时，孩子会果断地打断说"不行"等等。妈妈若试图强行完成动作，孩子便常常会大声哭泣，以此来反抗妈妈的行为，遇到以上情况，我想很多妈妈都会焦头烂额、不知如何处理吧。事实上，孩子之所以会对事物失去兴趣，其主要原因还在于父母，是父母为其创造了表达反抗、不耐烦情绪的环境。

孩子产生不耐烦情绪的原因可以归为以下3点：
1. 额叶联络区的发育不够充分；
2. 孩子过于任性；
3. 反抗的背后存在具体原因。

首先，当大脑额叶联络区的活动不充分时，孩子会对新的、未知的事物产生抵抗反应。此反应可被认为是认生反应的延续，若妈妈能够通过本书中介绍的方法对孩子的额叶联络区进行锻炼，其抵抗反应会大幅度收敛。

其次，任性的孩子更了解父母的各种情绪。当孩子明白能够通过撒娇的方式，达到自己预想的目的时，其行为、态度会进一步激化。遇到此情况

时，妈妈要严肃地告诉孩子"不行就是不行"，毅然决然地拒绝孩子的无理要求。

最后，当孩子对某种特定的事物产生抵触情绪时，可能是因为所处的环境中，存在让孩子不愉快，甚至害怕的事物。此时，妈妈要仔细观察产生抵抗情绪时，孩子的基本状态、好恶等具体状况，寻找出引起孩子此种情绪的主要原因，避免孩子与此类事物进行接触，以缓和孩子的情绪。

需要提醒各位妈妈的是，违背孩子的意愿强行令其完成某动作，只会进一步激化孩子的抵抗情绪；与此相反，积极的沟通、耐心的告知，能够有效缓和孩子的消极情绪。为了能使孩子积极地面对每一个事物、每一项练习，妈妈必须在日常生活中准确地把握孩子的喜好、个性等，通过自己的不断努力，引导孩子改掉任性、消极等毛病。

今天不哭闹的话，
妈妈明天就给你买

训斥孩子时的注意事项

能够促进额叶联络区发育的训斥方式

1
立即进行训斥
为了让孩子了解被训斥的原因，妈妈要准确掌握训斥的时机，孩子做错事情后，立即发出训斥、进行批评。

2
孩子犯同样的错误时，要严厉训斥
妈妈时而训斥，时而放宽要求、给予原谅的态度，会使孩子产生混乱感。因此，妈妈要始终坚持严厉的态度，通过训斥的方式教会孩子如何区分正确、错误的行为。

3
让孩子明白自己的意思
孩子做错事后，为了使其了解错误的原因，进行相应的改正，在传授孩子正确的行为后，妈妈必须让孩子发出"我知道了"的回应。

4
确保家里家外训斥方式不变
若妈妈根据不同的环境，改变训斥方式，孩子便能够敏感地发现这一改变，并对之加以利用。因此，无论是在家里还是在家外，无论周围有没有人观看，该训斥的时候一定要严厉训斥。

5
不要将训斥变成永无止境的抱怨
训斥是教育孩子的一种方式，如果妈妈将其变为一种经常性的持续性抱怨，那就大错特错了。来去迅速、短时间内结束的训斥，更具效果。

吮吸手指会阻碍教育过程

孩子因为某种心理原因，产生抵抗情绪后，妈妈仍旧强行令其完成某项动作，孩子就会出现吮吸手指的行为。孩子一旦开始吮吸手指，便会沉浸在自己的世界中，对周围的事物逐渐失去兴致，久而久之，这种行为会衍变成一种遇到不喜欢的事物，就开始吮吸手指的恶习。为了尽早改正孩子的这一恶习，妈妈必须尽快找出孩子产生抵抗情绪的原因，排除此原因的影响。

重视早期教育的必要性

孩子3岁前，尽量多地增加突触的数量，能够使大脑内的神经回路得以巩固

增加突触密度

　　大脑中神经元细胞（神经细胞）的存在使信息得以传递。这些神经元细胞在孩子处于胎儿时期时便开始形成，到其出生时，一生中所需要的神经元细胞几乎都已经产生完毕。但是，由于孩子刚出生时大脑内的突触数量较少，神经元细胞间缺少相应的连接，神经回路几乎不存在。孩子出生后，随着大脑的不断活动，大脑内起连接神经元细胞作用的突触的数量开始逐渐增加，在孩子8个月至3岁时，迎来密度峰值。

　　右图是不同年龄阶段平均突触密度的变化情况。大部分孩子大脑内的突触数量变化都遵循右图规律，以此为前提，在孩子未满3岁时，施加适当的刺激，能够有效增加突触的密度，使神经回路的连接更加牢固。神经回路足够牢固，意味着信息能够更加迅速地传递，确保孩子能够完成独立判断灵活使用双手双脚等具有"天才大脑"的人才能够完成的行为。在孩子1岁左右时，对其大脑内所有领域进行适当的刺激，尽量增加突触的密度，能够使孩子在今后的人生中，具有更多的选择。

　　对1岁孩子的训练必须每天进行。训练过程中，妈妈需要根据孩子的成长速度，施加恰当的刺激，逐渐拓宽孩子所接触的世界。

3岁前突触密度达到峰值

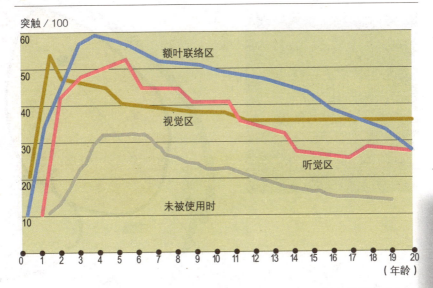

突触／100

- 额叶联络区
- 视觉区
- 听觉区
- 未被使用时

（年龄）

■（不同年龄时的突触密度）

　　如上图所示，孩子大脑内的突触密度在某一时刻达到峰值，之后出现逐渐减少的趋势。这种减少趋势主要是由未被使用的神经细胞内的突触数量大幅度减少、死亡引起。即使过了峰值期，妈妈仍旧可以通过后天的训练，逐渐增加孩子大脑内突触的数量。由于后天训练引起突触数量增加的幅度并不十分显著，上图中暂未表示出来。突触数量增加，能够使神经细胞间的连接更加坚固，因此，真心希望各位妈妈能够参照本书中介绍的方法，不断地给孩子施加各方面的刺激。

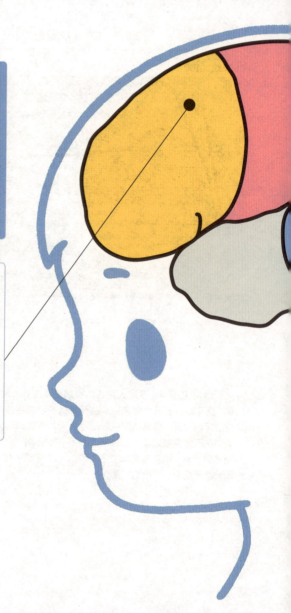

1岁孩子的大脑
思考、记忆、动作开始相互连接

思考

思考的过程，即决策、模仿、预测、短期记忆（工作记忆）等，需要额叶联络区所有区域的共同作用。

运动

　　额叶联络区决定的信息会通过运动辅助区传递给运动区，最终传送到能够引起人体发出实际运动的肌肉。如上所述，除先天性反射外，人类所有与动作相关的信息都是通过运动区进行传递的。

记忆·知识

　　孩子看到、听到的内容会转化成某种知识，储存在大脑后侧皮质（顶叶、颞叶、枕叶）中，当遇到相同的刺激时，相关的知识会通过额叶的作用传递到运动前区，促使人体更流畅、更自然地发出相应的动作。

能够促进大脑活动
的神经元细胞和突触

创造更多的神经回路，
促进信息的快速、有效传递

突触和年龄

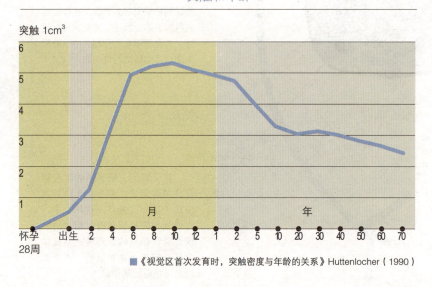

突触 1cm³

怀孕28周　出生　2　4　6　8　10　12　1　2　5　10　20　30　40　50　60　70

月　　　年

■《视觉区首次发育时，突触密度与年龄的关系》Huttenlocher（1990）

　　视觉区的突触数量在孩子8个月月龄时迎来峰值，到此阶段后，孩子的视觉区开始能够完成一些基本的活动。其他区域（如运动区等）的突触峰值时期，与视觉区大致相同。

大脑的重量和年龄

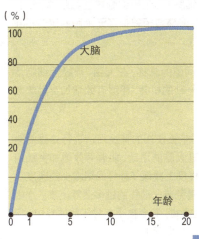

(%)

100
80
60
40
20

大脑

年龄

0 1   5   10   15   20

婴儿期大脑的发育

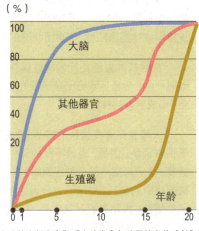

(%)

100
80
60
40
20

大脑

其他器官

生殖器

年龄

0 1   5   10   15   20

■ 《大脑的生长发育》《大脑发育与孩子的身体成长》
（1981年/久保田竞著）

　　孩子5岁时，其大脑重量基本与成年人持平。大脑体积不断增大，意味着突触的存在使神经细胞间呈相互连接状态，神经细胞的作用得到进一步发挥。

　　大脑的发育时期远远早于其他器官。上图明确地为我们展示了在较早时期持续地对孩子加以适当刺激，增加神经回路数量，使各神经细胞紧密连接的重要性。

孩子大脑的可开发空间超乎想象！

通过不断的重复练习，抑制神经回路的减少

大脑内存在的神经元细胞（即神经细胞）由带有细胞核的细胞体、细胞体向外伸展的树突、轴突3部分组成。轴突末端与相邻神经元细胞的树突相互连接形成神经回路后，信息便能够正常传递。

突触是神经细胞间发挥连接作用的间隙的总称，在大脑、神经元细胞活动时产生。尽量多地给予孩子独立思考、行动的机会，能够有效增加突触的数量，形成更多的神经回路。

大脑发育速度较快的孩子，其大脑对未被使用的神经回路进行处理的速度相对较快。但是，通过不断的训练，促进大脑的活动，能够有效增加突触的数量，重新形成一部分神经回路，在一定程度上减缓了神经回路减少的速度。需要提醒的是，在对孩子进行训练时，为避免单一动作的过多重复让孩子产生厌倦情绪，妈妈最好时常变换一下教育的方式，教会孩子各种不同的反应、行为等，并引导孩子将所学到的内容运用到实际生活中。

有研究显示，人类特有的位于额叶联络区最前端的10号区域（额极）在孩子满5岁时才开始发挥作用，若妈妈能够抓住时机，在孩子1岁左右时就施加适当的刺激，便可以有效提前这一区域发挥作用的时间。额极通常在人体同时进行两个以上动作时发挥作用。因此，在散步的同时，引导孩子做出一些其他的动作，使孩子处于同时进行两个以上动作、行为的状态，位于其大脑10号区域（额极）内的突触会自发地将神经元细胞连接起来，形成神经回路，促进10号区域更好地发挥作用。

以上训练对刚满1岁的孩子来说可能会有一些难度，但是，只要妈妈有激情、有耐心，能够确保所施加刺激的准确性、恰当性，就能够在较早时期对孩子的额极区域进行训练，促进额极更早地发挥相应的作用。

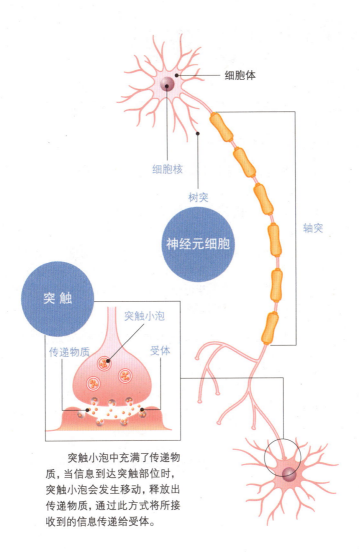

细胞体

细胞核

树突

神经元细胞

轴突

突 触

突触小泡

传递物质

受体

突触小泡中充满了传递物质,当信息到达突触部位时,突触小泡会发生移动,释放出传递物质,通过此方式将所接收到的信息传递给受体。

决定孩子智力
高低的额叶联络区

培养孩子边行走边
完成其他某种动作的能力，打造天才大脑

抓住这一时机，对孩子的10号区域加以锻炼

　　为了提高本书的利用效果，使本节内容更加简明易懂，首先给大家简单地介绍一下人类大脑的表面解剖图。人类大脑的表面解剖图被称为"布劳德曼大脑地图"（如P32图所示），它根据不同部位的不同活动，将大脑分为52个区域，并进行了相应的编号。大脑半球分为5个叶，即额叶、顶叶、枕叶、颞叶、岛叶；额叶最前端的部位即为额叶联络区。

　　本书后续内容中经常提到的额叶联络区被称为"思考的场所"，人所做的所有决定都是在此区域内完成的。控制人短时间记忆（工作记忆）的46号区域，以及控制人预测、模仿能力的44号区域都位于额叶联络区中。人的各种自发性行为，如双腿行走、双手摆动等动作，都伴随着46号区域的运动，都需要经过"在46号区域确定动作的具体发生方式，将相关信息传递给运动区（4号、6号区域），最终引起肢体运动"的过程才能够实现。

　　位于额叶联络区最前端的10号区域（额极）是人类特有的大脑结构，它在

人类"同时进行两个以上动作"、"按照先后顺序完成事情"、"控制感情"时发挥作用。此区域的发育在孩子5岁左右时效果最为明显，不间断的训练，能够提前孩子这一区域开始发育的时间。

　　"向着对象物行进的同时，发出一些其他动作"也是同时进行两项以上动作、行为的一种，在孩子1岁左右时，对其进行上述训练，能够有效地对其10号区域加以刺激。除此之外，在散步的过程中，看看周围的风景、与妈妈进行对话或停下脚步触摸一下外界的事物等行为，都能够对孩子的额叶联络区及10号区域进行锻炼。

　　需要提醒的是，由于10号区域的作用尤为重要，为了促进此区域更早、更快速地发挥作用，妈妈需要花费足够多的时间，让孩子亲自发现、体验各种不同的事物。

布劳德曼大脑地图及各部位分布

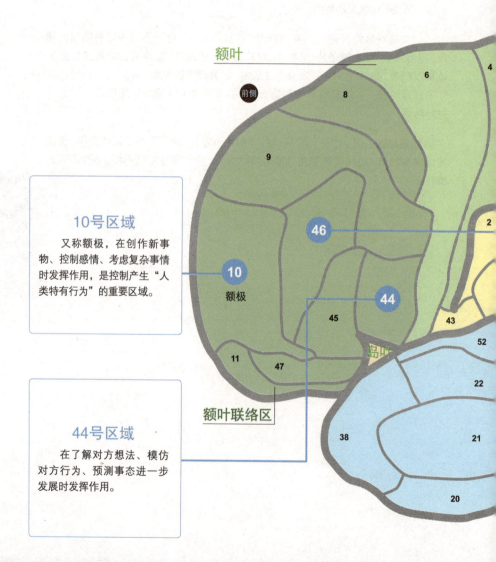

额叶

前侧

6

4

8

9

46

2

10号区域

又称额极，在创作新事物、控制感情、考虑复杂事情时发挥作用，是控制产生"人类特有行为"的重要区域。

10

额极

44

45

43

52

岛叶

22

11

47

21

38

44号区域

在了解对方想法、模仿对方行为、预测事态进一步发展时发挥作用。

额叶联络区

20

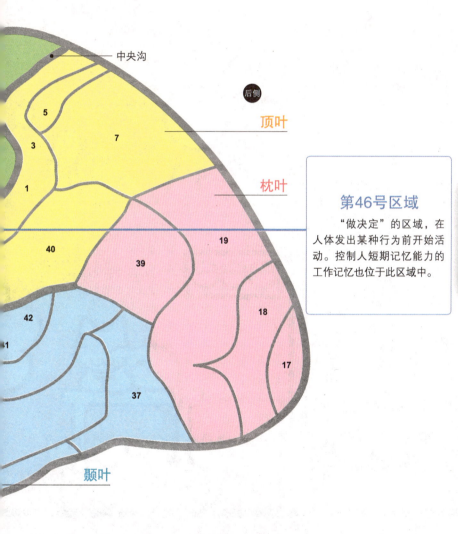

中央沟

后侧

顶叶

枕叶

5

7

3

1

40

39

19

42

41

18

37

17

颞叶

第46号区域

"做决定"的区域，在人体发出某种行为前开始活动。控制人短期记忆能力的工作记忆也位于此区域中。

行走训练

掌握单词、语句的含义

散步时，通过"这里是小白狗的家"、"这里就是经常飘出诱人甜味的面包店"等方式，告诉孩子对象物的方位，教会其简单的地理知识。

提高记忆力

一边指向鸟、猫、汽车等实物，一边告知孩子相应的名称，使孩子将对象物与相应的名称进行关联，引导其记忆正确的名称。

散步带给
大脑的各种刺激

对各种感觉进行刺激

　　散步过程中，各种身体感觉（如观察、嗅、触摸、听等）所感受到的内容，都会以信息的方式被储存在大脑后方，最终转变成知识。

通过行走练习，
提高孩子的智力

一边行走，一边对额叶联络区进行训练

为灵活使用双手奠定基础

人类大脑体积明显大于其他动物的这一特征，使人能够双脚站立、双腿行走。双腿行走的优势表现在各个方面：双腿进行行走、跑步使人能够捕捉到其他四肢行走动物所不能捕捉到的猎物；双腿行走后，人脑体积逐渐增大，肌肉力度逐渐增强；双腿行走后，人的双手也开始能够自由活动，逐渐发挥相应的创造能力。

与其他动作一样，行走、慢跑等简单动作，同样需要大脑的作用。例如，单腿向前迈出一步时，迈出腿的方向、迈出的力度、迈出的幅度及迈出的时间都是由额叶内的额叶联络区进行判断、决定的。额叶联络区决定的信息，经过辅助运动区传递到运动区，引起双腿肌肉的运动。任一动作的不断重复发生都能够引起辅助运动区发挥作用，除此之外，有近期研究称，试图"迈出双腿"的意图同样是在辅助运动区产生的。

行走过程中，孩子所看到、听到、触摸到的信息，都会被转化成知识储存于大脑的后方（顶叶、枕叶、颞叶处）。当孩子再次行走在同一条路时，相应的知识会经过运动前区最终传递到运动区。运动前区是知识与运动之间的连接——突触连接的产生场所，对运动的快速、顺利、顺畅进行具有一定作用。

孩子在1岁左右学会行走后，便进入了人类进化的最终阶段。在此阶段内，妈妈需要多带孩子去外面散步，让孩子亲身体验更多不同的事物，以促进其大脑，尤其是额叶联络区的发育。

10号区域的大小

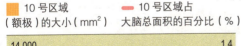

10 号区域（额极）的大小（mm²）　**10 号区域占大脑总面积的百分比（%）**

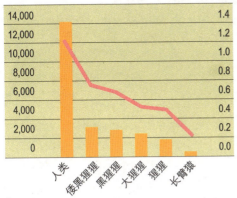

左图为不同动物10号区域大小的比较图。人类的10号区域位于额叶联络区内，控制大脑产生人类特有的行为。

■ 10号区域（额极）大小的比较

大脑的体积

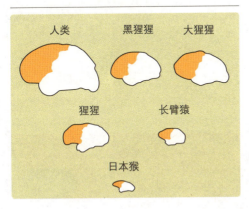

左图为不同动物大脑、额叶体积的比较图。图中可以看出，人类的大脑与身体比例相对较大。

■ 额叶的大小/布鲁德曼（1909 表面积）

行走训练

行走动作受大脑活动支配

1 **做决定** （额叶联络区）
决定行走的方向、步伐的幅度、迈步的时间等

4 **收集信息** （枕叶）
收集与目标之间的距离、是否存在障碍物、是否存在坡道、道路宽度、过去相关记忆等信息

VTA系统

开心！有趣！

2 意图·欲望（运动前区）

产生想要行走、想要看到新事物的强烈愿望

3 迈步（运动区）

控制肌肉产生运动

做轻松愉快的事情时，人脑内的奖赏系统会发挥作用，使人产生某种快感。孩子会自发地将这种快感看作对自己的奖励，进一步萌发干劲。当人感到轻松、愉快时，VTA系统便开始发挥作用。

正确的行走方法

正确的行走方法有助于孩子注意力的培养

　　"后脚跟首先着地、脚心与地面紧密接触、离地时拇指球用力向下蹬地"是正确的行走方法。孩子刚学会行走时，其身体总会向左右方向晃动，完全没有平衡感，这是因为刚学会走路时，孩子的脚心还未发育完全，仍旧呈扁平状态，不利于控制身体的平衡。不间断地让孩子进行相应的练习，能够引导孩子尽早掌握正确的行走方法。需要提醒的是，练习过程中，妈妈要时刻注意对孩子不良习惯的纠正，确保其准确掌握"脚跟首先着地、离地时拇指球用力蹬地"的动作要点。掌握正确的行走方式，还能够帮助孩子保持良好的体型、正确的坐姿及较长时间的集中能力。

目视前方

双臂前后摆动

脚的反侧手臂向前摆动

拇指球紧贴地面

脚跟首先着地

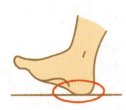

脚跟首先着地

注意"膝盖弯曲，向前迈腿；膝盖伸直，脚跟首先落地"的动作要点。

拇指球用力蹬地

逐渐将重心从脚跟转移至前方，拇指球、拇指与地面紧密接触，做好蹬地的准备。

原地踏步
训练

要想让孩子掌握正确的行走方法，首先需要通过原地踏步的训练，培养其正确的脚底感觉。具体可参照以下方法：开始原地踏步动作前，确保孩子的脚跟与地面紧密接触；脚跟离地时，确保其拇指球紧贴地面。练习过程中，妈妈可适当轻按孩子脚背，协助孩子了解、掌握正确的方法，同时，还要确保孩子左右脚进行的练习次数保持一致。

孩子脚跟抬起时，适当加大对其脚背的按压力度，传授正确的方法。

要点

脚底各部位示意图

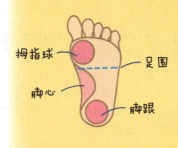

拇指球

足围

脚心

脚跟

进行原地踏步的训练时，要注意对孩子拇指球部位的着重训练。足围是指脚趾根部位的宽度，此宽度数据在之后为孩子选择合适的鞋子过程中需要用到，最好能够尽早测量一下。孩子不能行走时，其脚心部位的凹陷并不明显，脚底呈扁平状，因此，妈妈要尽早对孩子加以适当的训练，促进孩子脚底结构的生长发育。

 **大脑教室**

通过行走练习，使孩子脚心部位向内凹陷的特征更明显

学会正确的行走方法之前，必须首先掌握正确的站立方法，即双脚脚跟、拇指球、拇指同时着地；目视前方，双臂自然下垂。孩子不会行走时，其脚底的皮下脂肪较多，脚心部位的凹陷特征十分不明显（呈扁平状），因此，妈妈要通过不间断的重复训练，锻炼出孩子的这一脚底结构。

行走训练

散步的准备活动

发出动作前告知孩子，
促进其额叶联络区的发育

　　出发前，妈妈要注视孩子的眼睛，通过"我们去公园吧"、"妈妈带你去散步啦"等方式告知孩子接下来的动作。一起外出散步是妈妈与孩子的共同活动，因此，出发前，妈妈首先要将自己要出去散步的想法传达给孩子，对孩子的反应进行观察，当孩子表示出同样的兴趣后，再带领其出门；若孩子不感兴趣，就暂缓出门，不要强制。发出任何动作时，妈妈都要首先考虑孩子的想法，采用告知等方式，引起孩子的兴趣，来引发其想要进行同样活动、运动的欲望。

妈妈带你去散步啦

孩子不感兴趣时

告知孩子接下来的活动时，可以拿出他喜欢的零食、玩具等，引发其外出散步的兴趣。孩子最开始不愿意出门，出去后心情突然变好的情况也时有发生，因此需要妈妈具备一定的观察能力，了解孩子的心理状态，随机应变。

散步是妈妈与孩子的共同活动，出门前一定要首先告知孩子接下来的行动，仔细观察其反应。

要点

对孩子的操作性条件反射进行训练，促进其产生自发性活动

操作性条件反射是指口令与动作成对出现，促进人体产生相应的自发性动作的过程。给小狗喂食前，经常性地摇一摇铃铛，逐渐地培养小狗通过铃声判断吃饭时间的能力，是"操作性条件反射"的典型应用。顺利完成操作性条件反射阶段的练习后，孩子在听到妈妈散步的口令、告知时，就会自发地做出相应的准备。

 大脑教室

通过告知的方式，促进孩子大脑44号区域的活动

外出散步前要给孩子穿好袜子和鞋子。可以将左右脚的袜子、鞋子依次摆放在孩子面前，通过不断的训练，引导孩子掌握按照顺序拿取、依次穿上的动作要点。在此过程中，妈妈必须与孩子对视、进行相关动作的告知，确保自己能够准确把握孩子此时此刻的心理状态。妈妈表现出想要出去散步的愿望，并得到孩子的赞同后，孩子的右侧额叶联络区便开始发挥作用了。

行走训练

步行至目的地

让孩子体会达成目标后的喜悦感

出门前,首先要确定好散步的场所。如果没有特别的需要,最好选择孩子比较多、能够自由玩耍的公园。场所确定之后,最好步行至相应的目的地。步行过程中,要注意以下6点:

1. 教会孩子正确的手臂摆动方法;
2. 辅助孩子完成行走过程,确保其安全;
3. 行走时,妈妈站在车道的外侧;
4. 与孩子的步调保持一致;
5. 时刻注意周围环境的变化;
6. 着装要轻便,便于行走。

孩子刚学会走路时,还不能够进行大负荷的行走练习,因此,当孩子感到疲惫时,妈妈要抱起或背起孩子,将其带到目的地。到达目的地后,妈妈要以"宝宝真棒"等方式,给予适当表扬。为了确保孩子能够准确地完成行走时的摆臂动作,妈妈最好用腕带、腰绳等将孩子的手腕与自己的手腕绑在一起。

有效利用婴儿车

还不清楚孩子能够承受的行走距离时，最好带上婴儿车。孩子能够行走时，与其一起扶着车行走；孩子疲劳时，将其放在车里，推着前进。孩子坐在婴儿车上后，妈妈同样需要将途中所看到的景物告知孩子。

和孩子一起扶着婴儿车行走时，最好用腕带将孩子的手腕与自己绑在一起。

孩子疲劳后，要将其抱到婴儿车上，不要勉强孩子，因为，确保心情愉快才是散步的最终目的。

鞋子的选择十分重要

选择鞋子时应注意以下几点：

1. 与孩子双脚大小相匹配
2. 孩子的拇指能够自由活动
3. 能够固定住足围附近部位
4. 能够固定脚跟部位

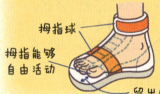

拇指球

拇指能够
自由活动

留出1cm左右的空隙

为孩子选择鞋子时需要一一检查以上几点，如果选择的是外出时的鞋子，还需要检查一下鞋底的厚度。行走时，孩子身体不偏向左右任何一侧，即说明其已经掌握了正确的行走方法；若身体偏向某一方向，则说明要适当地增加原地踏步体操的练习次数。幼时尽早引导孩子掌握正确的行走方法，是妈妈的主要任务之一。

 大脑教室

进行适当的告知，保持行走节奏

开始行走练习前，要告知孩子目的地的大致方位，即使孩子暂时还不能够理解。到达后要与孩子对视，发出"已经到达目的地啦"的告知，并观察其反应。行走过程中，要确保孩子目视前方。散步是一种妈妈与孩子的共同活动，因此，妈妈要注意配合孩子的步伐，待孩子成功掌握相应的节奏后，可适时地加入"1、2、3"的口令。

过马路

教会孩子安全过马路的简单道路规则

散步过程是教会孩子简单道路规则的最佳时期，各种颜色的信号灯的不同含义最好在孩子刚开始学会走路时就传授给他。具体可参照以下方法：到达信号灯附近时，首先告知孩子"这就是信号灯"，让孩子对信号灯的各种特征有一个初步的印象；之后，告诉孩子信号灯的各种颜色及相应的含义，如，"红灯亮表示禁止通行"、"绿灯亮表示可以通过"、"黄灯亮时要注意"等等。待孩子逐渐适应、掌握相应的内容后，可以趁等待绿灯的时间，传授一些其他的相关知识，如：

- 信号灯共有红、黄、绿三种颜色；
- 黄灯灭后，红灯亮，遇到黄灯时要加以注意；
- 信号灯由红转绿后，可以迈步向前通行。

使孩子在散步到目的地的过程中，逐渐加深对信号灯的理解。

绿灯亮，可以通过

通过颜色、语言等方式告诉孩子"信号灯主要有红、绿两种颜色；红灯表示禁止通行，绿色表示可以通行"等内容。

要点

让孩子牢记禁止通行的时间

对1岁的孩子来说，"信号灯变红了，所以禁止通行"是一件十分难以理解的事情。因此，最初阶段，妈妈需要用一些表示禁止意思的词语，强行让孩子停下来。若在家中进行训练时用"不要"的方式阻止孩子的某种行为，当信号灯变红孩子却继续向前行走时，则需要发出同样的"不要"的声音，使孩子停下脚步，引导其掌握正确的行走、止步时间。

红色表示禁止通行

绿色表示可以通过

 大脑教室

相关的解释说明不可缺少

妈妈要告诉孩子信号灯有红、黄、绿三种颜色及不同颜色所代表的不同含义。尽管孩子可能暂时还不能够完全理解，但是说明的过程不能直接跳过。除此之外，还要教会孩子"红灯停、绿灯行"，能够通行时，尽快向前迈步的练习。至于通行时，首先迈出哪只脚的选择权，最好交由孩子自己决定。无论是向前迈步还是停止脚步，都离不开额叶联络区的作用。最后，观察左右来往的车辆情况，选择合适的通过时间的工作，必须由妈妈来完成。

行走训练

记忆相应的地图

引导孩子对周围情况进行观察

　　散步过程中，妈妈要发出"这个是什么呀"等询问，引导孩子对周围进行观察。对于妈妈发出的某种指令、告知，孩子会通过眼睛、耳朵、鼻子及其他感觉器官进行感知，并试图通过语言的方式表达自己的情感，使大脑处于活跃状态。妈妈的告知能够使孩子了解从家中到公园途中的各种外界环境，掌握行走的必要知识。途中，妈妈还可以引导孩子观察一些容易理解的、标志性的建筑、植物、动物或店铺等，使其逐渐记忆这些事物的名称；回到家中后，最好能够画出相应的地图，以询问的方式，引导孩子回顾散步过程中的所见所闻。

🧠 大脑教室

通过回顾的方式，使孩子牢记相应事物

　　散步的同时，妈妈要告诉孩子相应对象物的方位。具体可参照以下方法：首先，伸出手指指向对象物，告诉孩子"这个就是面包屋"，教会孩子"面包屋"这个固有名词；之后再发出"刚才看到面包屋了吗"的询问，引导孩子进行回顾。散步过程中的记忆，最初时会保存在工作记忆（46号区域）区域中，通过回到家中的回顾过程，转变成事件性记忆保存在颞叶中，最终形成经验记忆。让孩子形成在头脑中画出相应地图的习惯，能够有效地协助其将所见所闻转化成实质性的知识（即经验记忆）。

数数

教会孩子数字1和2的含义

　　散步过程中，会遇到很多数字。妈妈可以从1和2开始，教会孩子正确的数数方法。具体可参照以下方法：看到车辆或停留在电线上的小鸟时，告知孩子相应的数字，使其逐渐养成和妈妈一起数数的习惯；也可以在行走时，发出"1、2、3"的声音，让孩子亲身体会数字的含义，正确掌握相应的数字。当孩子逐渐能够完成简单的练习后，可以尝试改变数字的顺序，从3开始倒数，确保数到0时正好到达目的地。不断重复此过程，教会孩子0的概念——0即什么都没有。

不要只是单纯地向前行进，要配合步伐的节奏，发出"1、2、1、2"的口号。

 大脑教室

一个一个地逐步增加数字的数量

　　大脑研究显示，对黑猩猩进行数数的训练时，一个一个地逐步增加数字的数量，更有利于其记忆过程。因此，向目的地走过程中，妈妈可以首先使用1、2两个数字，使孩子理解数字的含义；当孩子掌握1和2的区别后，再教会其先后顺序的含义（如第一个、第二个）；最后，停下来的动作用数字0表示。待孩子掌握以上所有内容后，可以一个一个地逐步增加数字的数量，加深训练的难度。

快速向前行走

促进额叶联络区的活动

孩子刚学会行走时，其平衡感、步伐都还存在一定欠缺，因此，在对其进行室外行走训练前，必须首先锻炼其直线行走的能力。直线行走需要额叶联络区首先对行走的距离、步伐幅度、前进方向进行确定。最初练习时，妈妈可以先给孩子做出相应的示范，待孩子初步掌握相应的动作后，再开始一起行走。走到直线的尽头时，妈妈要带领孩子后转弯，重新开始直线行走练习。行走过程中，妈妈需确认孩子的动作是否满足以下两个要点：

■ 双眼目视前方；
■ 脚跟首先落地，离地时拇指球用力蹬地。

待孩子逐渐习惯、掌握正确的方法后，可以加入双臂的摆动动作、适当增加行走的速度或进行横向行走、后退行走的训练。

　　在室内进行练习时，可以选择较宽的带子、绳子或床垫的边缘作为直线行走的记号。不断对"记号"进行踩踏的过程，能够使孩子产生正在玩游戏之感，使训练过程更加轻松愉快。孩子行走时，妈妈也不能放松，要时刻检查孩子的行走方式是否正确，引导其重复往返走的练习。

用带子、绳子摆出两条平行的直线，让孩子的左右两脚分别行走在两条线上。

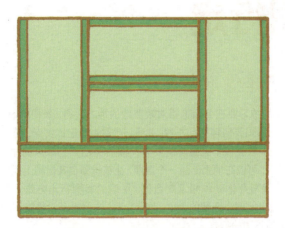

除能进行直线行走练习之外，床垫还能为孩子提供直角转弯练习的场所。妈妈可以根据孩子的掌握速度，适当选择能够提供相应记号的对象物。

 大脑教室

加入游戏因素、促进10号区域发挥作用

　　孩子能够直线行走后，要尽量提高行走速度，尽可能地运用额叶联络区，促进其发挥作用。孩子走到目的地后，可以带领其后转弯，返回到出发点；也可根据孩子的动作掌握情况，适当增加训练的难度，如，在目的地放一张椅子，让孩子在上面短暂休息一下，或在目的地处放一个苹果，引导孩子捡起苹果后继续返回出发点等。如上所示，在行走的同时加入其他动作的练习，能够对人类特有的额叶联络区10号区域（额极）进行有效锻炼。除此之外，长时间不间断地行走训练，还能够提高孩子对于学习、游戏的集中力，因此，妈妈需要通过增加行走距离等方式，尽量多地延长孩子的行走时间。

转圈行走

为独立行走做准备

　　转圈行走的练习要在公园等相对较宽敞的地方进行。最初阶段，圆圈的面积要相对大一点，妈妈要陪伴孩子左右，并通过"首先确定出发点，随后环绕游戏设施行走"的练习，教会孩子完整环绕物体一圈后会返回到原点的概念。孩子能够理解以上内容后，可以在地面上画一个圆圈，让孩子独自在圆圈上完成行走练习，教会其掌握视线与身体动作相互配合的、正确的转圈行走方法。孩子逐渐适应后，妈妈可以适当地缩小圆圈的大小，教会其顺、逆时针及沿着旋涡状螺旋曲线向中心方向行走等不同的行走方法。

 大脑教室

控制左右四肢的紧张感

　　孩子在3~4岁后，才能够像成人一样正常行走，在这一阶段前的行走只能算是一种训练。孩子左右四肢的紧张程度出现差异时，便可以开始转圈行走练习。练习过程中，孩子能够顺利转圈行走后，妈妈还要通过数圈数的方式教会孩子数字的概念、不同大小面积圆圈的不同含义。

上台阶

用脚尖进行行走的练习

事实上，我们在上下楼梯过程中，只有脚尖部位会发出相应的动作。孩子刚学会走路时，还不能顺利完成脚尖行走的动作，因此，在车站、商店等人流较大的地方时，一定要将孩子抱在怀中，不要贸然进行练习，以免发生危险。让孩子在公园等阶数较少、较宽的台阶处进行练习时，可以首先引导其走Z字形曲线，确保孩子能够保持在平地行走时的脚底感觉。另外，需要提醒的是，进行此阶段练习时，与其强行让孩子完成高难度的上台阶动作，不如一步一个脚印地，逐渐培养孩子时刻保持正确行走方法的习惯更为重要。

为孩子选择适合的路线，确保孩子保持正确行走姿势的同时，逐渐引导其完成上台阶的训练。

🧠 大脑教室

教会孩子各种不同的行走方法

　　上台阶过程中，需要脚尖部位发出行走的动作，因此，若仍旧选用在平地时的脚跟着地方法，行走起来会相对比较困难，这种行走方法在猴子、没有脚跟部位的四肢动物中比较常见。完成脚尖行走动作时，为了保持身体的平衡，需要孩子首先能够完成将重心移至肚脐之上的动作，因此，相应练习时机的掌握十分重要，若孩子还未完全掌握正确的行走方法，最好不要开始此练习；待孩子能够顺利完成一定坡度的行走练习后，再开始相应的训练也为时不晚。

秋千与滑梯游戏

能够锻炼孩子迷路紧张反射的游戏项目

　　秋千、滑梯是锻炼孩子迷路紧张反射的最佳游戏项目，因此，妈妈要积极地带领孩子在这些游戏项目上进行玩耍。迷路紧张反射区是人耳深处三半规管、耳石器的存在场所。当头部向前后左右方向转动时，迷路紧张反射区会发挥作用，使人的身体也产生相应的动作、行为。在秋千、滑梯上的游玩过程能够对孩子的迷路紧张反射进行有效锻炼，使其掌握不容易跌倒的、正确的行走方法。最初阶段，为了减少孩子的恐惧感，可以让孩子坐在妈妈的膝盖上，轻轻地摇动秋千，待孩子逐渐适应后，再开始难度相对较大的滑梯练习。若公园的滑梯太大，妈妈可以和孩子一起爬上去，让孩子坐在自己的膝盖上一起滑下来。

通过扶住孩子手臂、轻轻推按孩子身体等方式，调节滑下的速度，减轻孩子的恐惧感。

能够使身体保持平衡状态的各部位

出现旋转加速时	三半规管		
存在直线加速时	耳石器	存在垂直方向加速时	卵形囊
		存在前后方向加速时	球形囊

■ 头部发生运动时，迷路紧张反射的作用使人体能够保持原有的站立状态，而不会产生看不清事物等眩晕感。

🧠 大脑教室

什么是迷路紧张反射

　　头部发生运动时，位于人耳深处的"迷路区域"附近的感觉器官受到刺激，产生的反射性运动被称作迷路紧张反射。若缺少适当的迷路紧张反射的训练，当头部发出某种动作时，孩子会无法保持原有的站立状态、不能清晰地对周围事物进行观察。头部上下、前后、左右方向的直线运动能够对孩子的耳石器施加适当的刺激，头部旋转方向上的运动能够对孩子的三半规管进行适当刺激，因此，孩子满1岁后，妈妈需要通过秋千、滑梯等游戏项目，对孩子的迷路紧张反射能力加以训练。

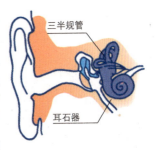

三半规管

耳石器

发出"那里有什么呀"等询问

通过刺激相应的感觉器官、对话等方式，提高孩子的表达能力。

　　到公园后，妈妈要教给孩子各种事物的名称，通过正确的语言将花草、小鸟、小动物等能够观察到的或孩子感兴趣的事物的名称传授给孩子。传授过程中，要注意"用手一边指向对象物，一边告知正确的名称"的动作要点。观察花草、树木时，最好走到近处观察，通过"这是郁金香。有红色、黄色各种颜色呢"的叙述方式，在告知名称的同时，让孩子亲身感受相应的颜色、气味、触感等。孩子1岁左右时可能还不能说出正确的词语，但是妈妈在此阶段内传授给孩子的所有内容，如事物的名称等都会被储存在孩子的大脑中，因此，妈妈一定要抓住这一时机，在教给孩子各种事物名称的同时，让孩子理解任何事物都有名称的常识性知识。

让孩子牢记词语、增加相应知识的最佳时机

若开始的时候使用婴儿话语与孩子对话，如告诉孩子"这是汪汪（小狗的婴儿语）"等，在之后的阶段中，就不得不再次教给孩子正确的名称，让孩子重复记忆相同的事物。为了避免以上情况的发生，妈妈最好在一开始时就告诉孩子事物的正确名称及相应的特征，如，"这是小狗，汪汪是它的叫声"。

 大脑教室

男孩子与女孩子的区别

　　对事物进行观察时，男孩子会对建筑物、汽车等人工景物感兴趣，与之相反，女孩子更容易对动物、人类、自然景物产生兴趣。妈妈要了解以上知识，在散步过程中，了解孩子所感兴趣的事物，努力引导孩子对不感兴趣的事物也进行观察，避免孩子产生兴趣偏差。

孩子能够正确行走后

　　当孩子掌握正确的行走方法、能够不摔倒地完成直线行走练习后，妈妈可适当地增加训练的难度，教会孩子脚尖站立、脚尖抓地、双脚加紧跳起等动作的方法，确保孩子能够顺利步行通过各种不同状况的道路。

将孩子喜欢的图画贴在只有踮起脚尖才能够触碰到的位置，引导孩子自发地完成脚尖站立的练习。

脚尖站立

　　最初阶段，妈妈可以抓住孩子的双手，让孩子记住脚尖站立动作的相应感觉。需要提醒的是，引导孩子完成此动作时，妈妈要确保其拇指、拇指球紧贴地面。

跳 跃

跳 ——

　　教会孩子双脚并拢，从较低的台阶向下跳的动作。最初阶段，妈妈可以握住孩子的一只手，通过发出声音的方式告知孩子具体的跳跃时间。

"爬"台阶

　　让孩子通过四肢共同作用，完成上下台阶的练习。教给孩子向上爬时双臂首先运动，向下爬时双腿开始运动的爬行方法，使其全身所有部位熟悉台阶的相应特征。

熟练运用双手、十指

思考

首先让孩子观察相应的模型，亲自动手尝试，寻找出正确的制作方法。通过此练习培养孩子的动手能力。

创造

引导孩子自己制作游戏所需要的玩具，进行玩耍。通过此过程来培养孩子的创造能力，使其能够独立完成所需道具的制作。

安排动作的先后顺序

让孩子独立地对如何漂亮、迅速完成制作过程、如何安排动作的先后顺序等内容进行思考。若孩子能够顺利地通过此项训练，说明其额叶联络区已开始正常发育。

双手的运动能够引发大脑的各项活动

思考
事物的特征、大小、制作方法等

控制双手发出动作，制作出相应的物品
控制双手的感觉、力度的强弱

通过双手进行感觉
了解所触摸物体的相应特征

激发原有记忆
回顾原有事物的形状、颜色等

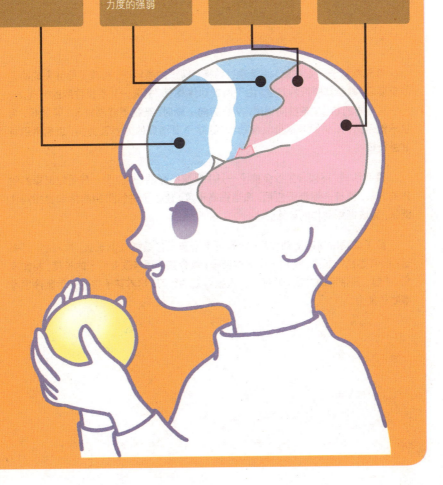

纸张游戏

培养孩子有条理地思考事物的习惯

首先给孩子一张报纸，使其通过触摸了解纸的质地等；待孩子能够完成简单的玩耍后，教会其撕纸的方法。由于撕纸动作具有"需要一只手握住纸的一端，一只手发出撕的动作；与横向相比，从纵方向上撕时，纸张更容易破裂"等特征，为孩子做示范时，妈妈要尽量放缓动作，让孩子看清撕的方式及方向，之后再引导其进行模仿。

最初阶段，可以首先教会孩子一只手紧握纸张的一端，另一只手做出撕的动作的方法，待孩子逐渐适应后，适当提高难度，让孩子进行仅用拇指和食指捏住纸张，完成撕纸动作的训练。

孩子成功掌握以上动作后，妈妈可带领孩子将纸撕成细长条，用胶水、订书器、胶带等粘贴起来，制成一个长的带子；教会孩子适当改变带子的长度，制作戒指、手链、头带等的方法。通过以上纸张游戏的练习，培养孩子按照先后顺序思考事物的能力。

将报纸撕成长条状，做成长的带子。

对于一个刚满1岁的孩子来说，独立完成将报纸撕成长条状的动作，是一项十分艰难的任务。因此，在最初阶段，妈妈可以先将报纸剪出几个缺口，适当降低动作难度；之后，引导孩子用右手的食指和拇指捏住报纸（左撇子的孩子，可以用左手捏住），另一只手拿着报纸的另一侧，快速将纸撕破。最后，引导孩子将撕下的细长条纸张粘贴在一起形成长的带子。撕纸过程中，为了避免孩子产生厌倦的情绪，妈妈要注意引导，进行适当的情绪调整，使此项工作在轻松愉快的气氛中完成。

通过做示范的方式，教会孩子双手的相应运动。待孩子逐渐适应后，教会其用指尖发出撕的动作的方法。

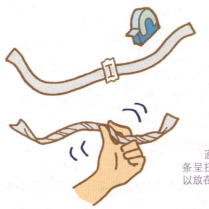

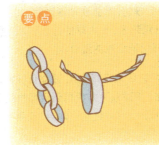

通过食指、拇指揉搓，使纸
条呈扭转状的动作相对较难，可
以放在最后阶段进行练习。

要点

粘贴而成的带子可以用于制作
项链或电车牵引线等。项链的制作
过程——将长带子揉搓成细线状、
从小环中间穿过等动作能够同时对
孩子的双眼、双手进行锻炼。

🧠 **大脑教室**

制作道具是孩子最初的游戏

手指受到大脑运动区的支配，发出撕纸的动作。除运动区外，此动作
同时需要额叶联络区发挥作用来实现，其难度远远大于活动手掌、手腕的动
作，因此在现阶段，这一撕纸动作只有人类和猴子能够顺利完成。当孩子顺
利地将报纸撕成长条状时，妈妈要协助其将纸条用胶水或胶带粘贴起来，为
随后的玩耍过程做准备。

制作纸球

教给孩子制作道具的方法

制作纸球时，用纸的选择有很多种，可以是报纸、卫生纸，也可以是纸巾。具体制作过程可以参照以下方法：

首先，妈妈拿出一张纸，适当地放缓速度、慢慢地用双手将其揉成一团，以便于孩子进行观察，之后让孩子进行相应的模仿；纸张变成球形后，用水沾湿，边调整球形形状，边用新的纸将原有的纸球包起来，扩大球的体积；不断重复此过程，直至纸球的体积与孩子双手相吻合，开始玩纸球的游戏。

具体的游戏方式可以根据孩子的不同喜好来选择，如，设立目标物体，将球从上方抛向目标物；或参考保龄球的玩法，将球从下方投掷到目标物处等等。制作纸球的训练在教给孩子具体制作方法的同时，可以让孩子体会"亲手制作、进行玩耍"，告诉孩子"制作道具是一项非常有用的活动"。

熟练运用双手、十指

      87

纸球制作完成后，可以教给孩子抛掷、踢等玩耍方法。根据游戏的需要改变纸球的形状是手工纸球的最主要特征，若希望纸球在地上连续滚动，可以将其制作成规则的圆形；若希望其很快停下来，则要留有一定的棱角。游戏过程中，可以适当改变纸球的形状，使孩子充分体会自己动手制作道具过程的乐趣。

游戏过程中，孩子需要独立思考纸球的运动方向、推动纸球的力度等，使其额叶联络区得到有效锻炼。

用脚踢纸球的动作能够加深孩子对正确行走方法的掌握。需要注意的是，为防止孩子摔倒，此动作的练习需要有妈妈的陪伴。

 **大脑教室**

同时对新旧运动区的作用加以强化

　　制作纸球主要是一项针对孩子双手握力进行的训练，因为较小的纸球用报纸包起、用水浸泡后，需要双手用力攥紧，将水挤出。发出握紧运动时，双手的运动受旧运动区（能够使用双手的猴子的常见大脑结构）支配，手指的运动受新运动区（能够灵活使用手指的猩猩、人类的常见大脑结构）支配，只有当以上两个区域同时发挥作用时，人的双手才能够自由地活动。除此之外，制作纸球的过程，还能够对孩子双手的握力进行训练，因为纸球用水浸泡过之后，将多余的水挤出需要具备足够的力量。

基础性学习的开端

　　孩子能够正确地握住画笔后，便可以开始画画的练习了。最初阶段，孩子可能还不能适应如此高难度的训练，此时就需要妈妈具有一定的耐心和干劲，从基础动作开始，教会孩子正确的握笔方法。

　　具体可以参照以下方法：妈妈坐在孩子旁边，用3根手指握住画笔，让孩子进行观察、模仿。若孩子不能独立握住画笔，妈妈可以首先将孩子的3根手指放在画笔上，之后从上方轻轻握住孩子的手。孩子学会握笔的方法后，开始横线、纵线的绘制训练。对于刚开始学习画画的孩子来说，做到始终保持同样的力度，画出没有弯曲的直线是一件非常困难的事情，因此，妈妈需要寻找出一些"特别"的方法，如，在孩子移动画笔时，发出电车靠近、远离的声音，使孩子能够在轻松愉快中进行直线画法的练习。

　　孩子能够成功画出直线后，接着就可以再传授其不同大小的四方形、三角形、圆形的画法。

画笔要这样拿——

熟练运用双手、十指

画画时，需要一手持画笔，一手按住画纸，因此，在对孩子进行画画练习之前，必须教会其正确的姿势。孩子能够长时间地保持正确的姿势，有利于集中力的培养，并在之后的学习过程中发挥积极作用。因此，在对孩子进行画画训练时，妈妈要为其准备好合适的椅子和桌子，使孩子养成时刻保持正确姿势的习惯。需要提醒的是，妈妈在选择椅子时，要确保满足孩子坐下时双脚能够与地面接触的条件；选择桌子时，桌子的大小、高度要与椅子相匹配。

调整椅子、桌子的高度，使孩子能够自由活动双手，保持后背挺直的坐立状态；同时，确保孩子的脚底能够与地面接触。

左手按住
画纸

右手持
画笔

除正确的握笔方法外，还要教会孩子用另一侧的手按住画纸的方法。

🧠 大脑教室

各种线条画法的练习

　　拇指、食指、中指三指同时握住画笔是正确的握笔方法，此方法的掌握需要连续、不间断的练习。由于人的各种动作都存在一旦掌握就不好改正的特征，因此，妈妈最好在最初阶段一次性地教会孩子正确的握笔方法。孩子能够握住画笔后，便可以开始画直线的练习了：直线绘制练习完成之后，可以通过不断的训练，使孩子掌握长线、短线、粗线、细线等不同线条的绘制方法。

妈妈的正确做法

　　在画纸上乱画，不存在任何意义，为了确保孩子能随心所欲地画出自己想象中的事物，妈妈必须首先教会其横线、纵线的画法。待孩子能够成功地画出直线后，再开始各种不同图形的绘制练习。

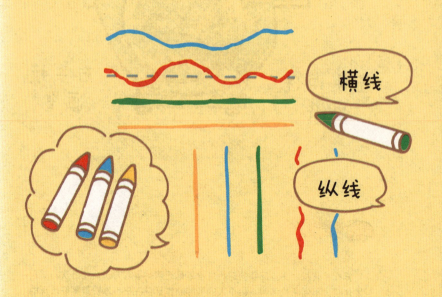

横线

纵线

画笔的选择方法

选择画笔时，要注意以下两点：

■ 要足够粗、足够长，

■ 选择即使放入口中也不会出现危险的材质。

最初阶段可以选择三原色——红、黄、蓝的画笔，
待孩子逐渐适应后再逐渐增加颜色的种类。

待孩子适应后

尝试多种材
质的画纸

包装纸

绘画
专用纸

纸箱

选择较细的
彩色笔

要点

教会孩子人
物面部的绘
制方法

逐渐增加颜
色的种类

熟练运用双手、十指

过家家

通过对话，教给孩子简单的生活规则

过家家游戏的训练，能够教给孩子一些简单的生活规则。游戏过程中，妈妈要通过边游戏边对话的方式，如，发出"请"的声音后，将相应的物体递到孩子面前；发出"我开吃了"的告知后，开始吃饭的动作，告诉孩子要为别人着想，要牢记正确的礼仪。

为了使过家家游戏更加贴近真实生活，选择道具时，最好确保道具的大小与实际生活中使用的物品保持一致。游戏过程中，可将各种不同的物品充当食物，锻炼孩子的创造能力；也可用纸、橡皮泥等对盘子、碟子进行适当装饰。若孩子此时已经能够吃一些松软的食物，妈妈可以选取一些真实的材料，同孩子一同协作，制作简单的三明治、饭团等，并和孩子一起品尝，通过让孩子品尝自己亲手制作的食物的方法，培养其独自钻研、寻找更好的方法的能力。

今天的甜品是
什么呀?

请!

游戏过程中，妈妈要不断与孩子进行对话，如询问"今天的小菜是什么呀？"；再通过"真好吃"等方式给予适当表扬。

过家家游戏中需要的食物可以用橡皮泥来制作完成。制作时，妈妈要先给孩子做出示范，教会孩子双手活动的方法。最初阶段，可以先教给孩子丸子的做法，待孩子逐渐适应后，再一边发出"妈妈接下来要教你饭团的做法了"的告知，一边引导孩子对丸子的形状进行调整，使其更接近真实的饭团。

橡皮泥

要点

过家家最好选用生活中常用的道具

　　过家家游戏中用到的餐具，最好能够与生活中常用餐具的大小一样；在数量、种类方面，备齐茶碗、饭碗、碟子、叉子、勺子、筷子等简单的餐具（如左图所示）就足够了。

熟练运用双手、十指

 **大脑教室**

与孩子的对话非常重要

　　开始过家家的游戏之前，妈妈首先要与孩子进行适当的寒暄。具体可参照以下方法：通过询问"今天咱们吃什么零食呀？"或发出"请吃蛋糕"、"我开吃了"等告知的方式，教会孩子如何回答对方提出的问题。游戏过程中，妈妈要时刻牢记边仔细观察孩子吃的动作，边表达"真好吃"等赞扬的动作要点。除此之外，教会孩子餐具的摆放方法、使用方法也至关重要；吃饱后，要说"我吃饱了"，并将餐具收拾整齐。

堆积木游戏

激发孩子的想象力及判断能力

对孩子进行堆积木游戏的训练时,妈妈需要告诉孩子具体的堆积方法,以及完成物品所指代的具体内容。

最初阶段,可以选择形状相同的积木进行练习,待孩子掌握相应的方法后,适当增加难度,通过把三角形的积木放在正方形的上面做成房子的样子;把三角形的积木放在细长的长方形上做成树的样子;把房子和树摆放在一起做成街道的样子等方法,一边激发孩子的想象力一边进行玩耍。

一般来说,堆积木属于男孩子喜欢的游戏类型,但由于此游戏能够在玩耍过程中,通过将红色、绿色积木按顺序摆放,或收集同样形状的积木等训练,让孩子了解事物的不同颜色、形状等,建议妈妈在对女孩子进行教育时,也能够积极地利用一下。

熟练运用双手、十指

通过平面堆积的练习增强孩子的想象力

培养孩子堆积木能力的同时，最好让孩子尝试一下在同一平面上进行堆积的训练，具体方法可参考平面作图过程。平面堆积木的训练，能够使孩子更容易地了解积木高度、形状等的不同。训练过程中，妈妈还要通过询问"这个是什么呀"等，与孩子进行对话，让孩子了解堆积完成的物品所指代的具体内容（实物）。

堆积木最大的乐趣在于，能够在立体、平面双方向上进行玩耍。练习时，希望各位妈妈能够开动脑筋，努力为孩子寻找出各种不同的游戏方法。

要点

积木的选择方法

　　选择积木时，要选择木制、颜色较多的。推荐各位妈妈选择那种能够放在一个容器中、随意拖动的积木，以便孩子在玩之前能够独立地取出来，玩完以后能够独立地收拾干净。

引导孩子在立体、平面双方向上进行玩耍

　　最初阶段，可以选择3~4个形状相同的积木进行游戏；随后教给孩子按照大–中–小顺序进行堆积的方法。游戏刚开始时，妈妈需要给予孩子适当的指令、提示；之后，选出一个积木代表车辆，根据需要进行平面堆积、添加行车用道等的训练；待孩子能够逐渐掌握后，再加入十字路口、信号灯等内容。

彩纸游戏

培养孩子的创造能力

教会孩子用各种颜色的纸制作玩具的方法。具体可参照以下方法：

妈妈首先制作出一个纸飞机，抛向空中，让孩子进行观察。彩纸游戏是所有折纸游戏中难度最大的，因此妈妈在对孩子进行相关训练时，要遵循一定的顺序——最初阶段时，要告诉孩子纸张能够通过折叠的方式变成立体物体、进行玩耍的相关知识；孩子对这项游戏产生兴趣时，妈妈要教给孩子具体的折叠方法。教的过程中，妈妈要与孩子并排而坐，尽量放缓折的动作，让孩子边观察边学习。

折纸飞机游戏能够培养孩子独立思考各种各样玩法的能力，如，如何通过改变折叠方法，让飞机飞得更高；看谁制作的飞机飞得更远等等。

 **大脑教室**

培养孩子独立折叠的能力

　　首先，妈妈要折出一个纸飞机让孩子进行观察，以引起孩子的兴趣，之后，再引导孩子独立完成折叠的过程。折叠过程中，拇指和食指的动作最为重要，若想折痕更深，需要用拇指用力向下按。最初阶段，可以选择三原色的彩纸，待孩子适应后逐渐增加颜色的数量，开始"看谁的飞机飞得更远"的游戏。

本节将给大家介绍一种最简单的纸飞机折叠方法,如果找不到彩纸,也可用普通的纸代替,但是一定要确保和孩子一起进行折叠;让孩子亲身体验纸张变成飞机,到进行玩耍的整个过程,教会孩子亲手制作物件的乐趣。

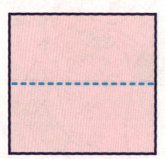

1 对折后打开,出现一条折痕。

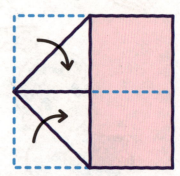

2 沿着折痕,将左侧的两角向内折,形成三角形。

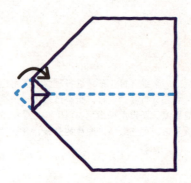

3 把纸翻过来,在距尖端1cm处,向内折。

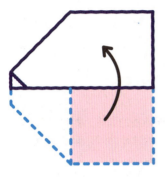

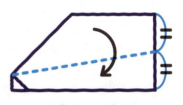

4 返回正面，沿着折痕对折。

5 折出机翼部分。

6 制作完成。

熟练运用双手、十指

敲击乐器游戏

对人类特有的10号区域进行锻炼

　　妈妈可以利用家中的乐器对孩子进行敲击乐器游戏的训练。最初阶段，最好选择那些能够通过简单敲打发出声音的打击乐器，如洋琴、木琴等。若家里没有乐器，可以用纸筒敲打桌子进行代替。

　　具体训练过程可参考以下方法：首先，引导孩子敲打乐器，发出相应的声音；之后，教给孩子敲打出有节奏的声音的方法，并带领其跟着音乐的节奏摆动身体或发出声音。以上配合自己制造出的声音，完成另一项动作的训练，能够有效提高孩子的创造能力。

　　除此之外，同一时间进行两种以上不同动作时，人脑额叶联络区的10号区域会发挥作用，因此，建议各位妈妈要经常性地对孩子进行敲击乐器游戏的训练。

 大脑教室

促进大脑活动的敲击乐器游戏

　　当孩子能够跟着音乐的节奏行走、发出声音后，妈妈要开始训练其在同一时间进行两种动作的能力，如，边发声边行走，或边唱歌边行走等等。跟随一定节奏进行某种动作时，孩子的辅助运动区会发挥作用；不断地变换不同的动作，能够对孩子的10号区域及感觉区进行有效锻炼，因此，进行相应的练习时，妈妈最好能够时不时地变换一下歌曲的节奏。

边游戏边学习

　　对孩子的教育要随时、随地进行。本章将给大家介绍一些简单的室内游戏方法，告诉妈妈们如何在游戏的同时，达到让孩子进行学习的目的。孩子学会走路后，其大脑内结构、发育等会发生巨大变化，希望各位妈妈能够在与孩子一起玩耍、培养感情的过程中，注重对孩子智力的培养，打造出天才的大脑。

卡片识别游戏

增强工作记忆区域的活动

　　孩子到1岁左右时，便可以开始用卡片进行集中注意力的训练了，不过在最初阶段时，要注意控制扑克的数量。

　　这个游戏能够通过引导孩子记忆扑克的图案、位置等方式，对其工作记忆区域的能力加以强化，希望各位妈妈能够有效利用起此游戏。

　　具体可参照以下方法：首先，取出4张扑克，图案朝上放在桌子上，引导孩子进行配对。待孩子适应后，逐渐增加扑克的张数，教会孩子快速、准确地拿到正确的扑克的方法。

　　需要提醒的是，妈妈要注重培养孩子迅速发出相应动作的能力，因为动作的快慢直接关系着孩子大脑的发育。除此之外，刚开始游戏时，要适当地将图案画大，使孩子能够一目了然地找到相匹配的图案，以激发孩子的兴趣。

🧠 大脑教室

锻炼工作记忆区域

　　卡片识别游戏能够对控制孩子短期记忆（将现阶段发生时间的记忆保留到下一事件发生）的工作记忆区域进行锻炼。人记忆事物时，大脑内的46号区域会发挥作用，将相关的记忆保存。除此之外，游戏过程中，工作记忆区域的活动还能够引起额叶联络区的活动，因此，当孩子成功掌握这个游戏后，其额叶联络区的活动会进一步提高，智力也会得到进一步发展。（注：P158特别附赠有"婴儿识图卡"，可剪下来作为道具使用）

躲猫猫

对孩子的预测能力、工作记忆能力加以锻炼

在开始本节讲解之前，我想先确认一个问题：各位妈妈是否在早期阶段对孩子进行过"没了，没了，有了"的训练呢？ 事实上，"没了，没了，有了"游戏能够对孩子的下面两种能力加以锻炼：

■ 了解妈妈只是面部被遮盖，并没有离开（工作记忆）；
■ 期待妈妈的笑脸，积极等待（预测）。

与早期的"没了，没了，有了"游戏相比，躲猫猫游戏的难度相对较高、更具有知识性。在此游戏过程中，孩子了解妈妈只是暂时藏起来，还在自己周围没有离开后，会开始积极地寻找。最初阶段，妈妈可以藏在孩子能够迅速找到的地方，待孩子适应后，再逐渐增加寻找的难度。若孩子对躲猫猫游戏完全不感兴趣，妈妈需要返回到之前的"没了，没了，有了"游戏练习阶段，适当地延长面部被遮住的时间。

 大脑教室

有计划性地思考事物

　　进行躲猫猫游戏练习时，孩子必须首先了解妈妈是暂时隐藏起来，并没有离开的状态，这部分记忆会被保存在大脑的46号区域中。游戏过程中，妈妈要根据孩子的实际能力，选择合适的躲藏场所。孩子能够顺利完成躲猫猫游戏，说明其已能够成功记忆事件从开始到结束的整个过程，相应地思考、计划能力也得到了提高。

大眼瞪小眼游戏

提高孩子的交流能力

孩子1岁左右时，已能够通过对方的面部表情获取相关的信息，通过大眼瞪小眼游戏的练习，能够教会孩子各种表情的特征。

游戏具体可以参照以下方法：首先与孩子面对面坐下，唱出"大家来玩大眼瞪小眼游戏，笑出声音的人算输了"的游戏歌词；之后做出能够引孩子发笑的表情。

游戏过程中，孩子能够通过对妈妈表情变化的观察，了解事物的意外性；同时，妈妈可以通过对"笑即输了"规则的讲解，培养孩子的忍耐能力。此外，在孩子心情不好时进行此游戏，还能够将笑容在与人交流方面的重要性的相关知识传授给孩子。

做鬼脸

宝宝输了！

哈 哈

🧠 大脑教室

通过忍耐，锻炼大脑的额叶区域

　　面肌是面部皮下皮肤肌的总称，面肌的运动能使人的面部产生相应的表情变化。控制人面肌的神经细胞通过突触直接与控制面部运动的运动区连接，因此，与其他肢体运动相比，面部的运动更小、更细致。同样地，控制人手指肌肉运动的神经细胞与相应的运动区之间也处于直接连接状态，人各个手指的活动方式也相对较多。通过大眼瞪小眼游戏的训练，在教会孩子做出引人发笑的表情的同时，还能够锻炼孩子不被他人逗笑的忍耐能力，实现在同一时间对位于前额区域的额叶联络区、运动区两个区域进行锻炼的目标。

比较游戏

培养孩子对量的概念的理解

让孩子观察各种不同大小的实物，如水果、蔬菜、经常玩的汽车玩偶等，引导孩子进行比较。开始此游戏之前，妈妈必须教给孩子大小、长短、轻重等单词的含义及量的概念。

对于刚满1岁的孩子来说，以上的内容可能会相对复杂，但是，只要妈妈掌握正确的方法，孩子总有一天能够正确地理解、掌握。妈妈可以将比较游戏的训练融入到孩子的日常生活中，如，时不时地双手各拿起一个橙子，发出"宝宝觉得哪个更大呢"的询问，逐渐地培养孩子的比较能力。

大脑教室

培养孩子独立选择的能力

　　对孩子进行大小、长短、轻重等二选一的训练时，最好选用孩子喜欢的实物为参照，并让孩子独立完成选择。实际操作过程中，可以参考以下方法：首先，拿出大小不同的两个苹果，让孩子观察，告知孩子哪个大哪个小；随后，将两个不同大小的苹果放在孩子面前，告诉孩子"把小的苹果给妈妈"，指导其进行选择；最后，同时拿起两个苹果，发出"宝宝觉得哪个大哪个小呢"的询问，让孩子选择。孩子能够成功分辨物体的大小后，便可以开始长短、轻重比较的训练了。

读故事给孩子听

对语言区加以刺激，提高孩子的记忆力

"说话"能力并不是到了一定年龄就能自然而然掌握的，而是需要大量的后天练习。孩子还不能说话时，妈妈主动发起对话或将周围各种事物的名称说给孩子听，能够对孩子的语言区施加有效的刺激，随着唇部肌肉逐渐发育，孩子便能够发出简单的单词、语句。因此，妈妈要抓住时机，尽量读更多的故事给孩子听。

当孩子超过1岁半，能够说出简单的句子时，妈妈要将曾经读过的画册给孩子看，通过"宝宝觉得他们在干什么呀"等方式，询问孩子画册的内容，引导孩子说话，以达到对语言区施加适当刺激，提高其记忆能力的目的。

要点

画册内容要全面，不能偏一

　　一般男孩子对交通工具、建筑物等内容较易产生兴趣；女孩子对动物、人物出现较多的内容更感兴趣。1岁是让孩子了解各种事物的最佳时期，妈妈要趁此时机让孩子观察各种各样不同的事物，因此，收集的画册的内容要足够丰富、全面，当孩子对某种画册出现不积极的态度时，妈妈要代替孩子，将画册的内容读给孩子听。

大脑教室

教会孩子用图画的方式描绘故事的方法

　　读故事给孩子听时，要让孩子看到画册的内容，重复读几次之后，孩子会自然而然地记住相应的内容。需要提醒的是，孩子1岁左右时，不要开始文字学习的训练。最初阶段，妈妈读完故事后，可以让孩子边看图案，边进行复述；待孩子掌握相应的方法后，可适当增加图案的数量，并引导孩子独立创造故事，用自己的语言进行表达。孩子无法顺利表达时，妈妈可以代替孩子讲完整个故事。

生活习惯

孩子满1岁后，在传授知识的同时，还要教会其简单的社会常识。

社会常识涵盖的所有内容中，各种规则的正确掌握、社会生活能力的培养最为重要。

良好生活习惯的培养要从孩子1岁时期开始。

打招呼

培养孩子的社会性，避免出现认生反应

　　打招呼动作需要对话双方的面对面交谈，对建立正确的人际关系有着重要作用。孩子所具备的与打招呼相关的所有知识，如说话的时间、方式等，都是从妈妈那里学来的，因此，妈妈在做出某种动作时，必须要发出相应的问候语，如，早上起来时，对孩子说"早上好"；吃饭时，说"我开吃了"；吃饱后，说"我吃饱了"等等。除此之外，妈妈还要教育孩子在道谢或道歉时，要注视对方的眼睛，略微低头。

　　通过游戏的方式，将一些常用的问候语教给孩子，能够促进孩子对相关内容的尽快掌握，自然而然地将学到的内容运用到实际生活中。

谢谢

给

 大脑教室 ....

解读对方想法的训练

解读对方的真实想法（如，接下来想做的事情等）时，不能放过对方的任意一个细小的面部变化，因此在打招呼时，一定要确保与对方成面对面状态。与人打招呼时，控制孩子模仿行为的镜神经元系统最高中枢——大脑44号区域会发挥作用。因此，为了更详细地了解对方的情感、意图等，发出相应动作时，一定要确保与对方处于面对面注视的状态。

事后收拾

强化记忆力的同时，传授孩子社会常识

想让孩子在游戏过后将物品放回原位，必须首先引导其牢记物品最初的位置，从这个角度来看，事后收拾的练习，既能够传授给孩子相应的社会常识，又是一项对孩子工作记忆区域的有效锻炼。

要想让孩子比较迅速地将玩具收拾干净，妈妈必须首先确定好玩具最初的位置，让孩子对大致位置进行记忆；同时，将物品（如玩具、书本等）位置的确定，到之后拿出玩具玩耍、再到放回原位的整个过程当做一个配套的动作，引导孩子进行记忆。当孩子不能成功地想起相应的位置时，妈妈要通过询问"书原来放在哪里来着"的方式，引导孩子回忆；如果孩子顺利地将物品放回原位后，要通过"宝宝真棒"等方式给予适当表扬。

 大脑教室

通过事后整理过程，增强孩子的工作记忆能力

　　让孩子玩玩具时，首先要确定好玩具的种类及玩耍的方式，让孩子自己拿出相应的玩具。玩完后，引导孩子将玩具放回原处，能够对其大脑工作记忆区域进行锻炼。除此之外，妈妈时常收拾一下书架、柜子等，久而久之，孩子也能够养成玩耍后收拾干净的良好习惯。

教给孩子0的概念

告诉孩子数字0表示什么都没有

日常生活中，妈妈可以通过询问"这里有几个苹果呀"、"给妈妈拿过来3个积木"等不同方式，教会孩子数字的概念。在所有的时机中，趁孩子沐浴的时间进行相关内容的传授最为适宜。

具体可以参考以下方法：从孩子即将出浴开始，数"1、2、3……10"10个数字，确保数到10时孩子正好离开浴缸；孩子掌握顺着数的方法后，可以再将数字的顺序颠倒过来，从10开始数起，确保数到数字0时，孩子正好离开浴缸。通过此方式教会孩子，在所有数字中，存在着一个表示什么都没有的数字——0。

除此之外，利用日历中的数字引导孩子记忆相应的数字，也不失为一种好方法。

 大脑教室

机械头脑与电子头脑

　　明白0的概念后，大脑内的电子化处理过程会变得更加顺畅，孩子逐渐能够理性地思考问题。相对地，由于机械大脑中不存在0的概念（与大脑容量的大小无关），机械大脑对信息的处理多具有主观、直观性。孩子明白0的概念后，自然而然就能够独立进行数数的练习。从1岁开始，教给孩子数字的意义，引发孩子的兴趣，能够较早地使孩子掌握一位数的简单加减法。

停止动作训练

教会孩子自发地停止动作的方法

到1岁之后，孩子开始对各种事物产生兴趣，其中，不乏将手指伸入到插座孔中等危险动作。为了避免此类情况的发生，妈妈要教会孩子"停止反应"。

具体可参照以下方法：首先，告知孩子"这个东西很危险，不要碰触"，告知过程中，最好向孩子说明不能做的理由；当孩子不听劝告，试图去触碰时，发出"不行"等制止的声音，当孩子听话地不去触碰时，通过"宝宝真听话，谢谢宝宝"的方式，给予适当表扬；让孩子不断体会以上"不做某件事情时得到表扬"的过程后，孩子就会逐渐地开始具备自发停止动作的能力。

若孩子不听劝告继续危险的动作，就不能再通过"停止反应"给予表扬的方法进行制止了，而是要通过"事不过三，要是再不听话，就打你屁股了"的方式，告诉孩子具体的惩罚方法，在孩子再次违反时，要严厉地加以适当的惩罚。

大脑教室

通过奖赏、惩罚的双重方式，教会孩子自发停止动作的方法

　　孩子自发地发出"停止"动作时，其右脑额叶联络区的44号区域会发出指令，抑制神经细胞的活动。但孩子能够独立停止时，妈妈要给予适当的表扬；相反，若不能通过简单的表扬方式制止孩子，妈妈就需要对孩子进行严厉的惩罚。妈妈在制止孩子的行为时，要选择正确的词语，"忍一忍"等口令，既不包含奖励又不包含惩罚，通过此命令让孩子停下手中的动作会比较困难。除此之外，需要提醒的是，孩子自发停下动作的背后存在某种对于不做某件事的满足感，而让孩子忍耐只能增加孩子的痛苦。

一起吃饭

全家开开心心，一起品尝食物的美味

吃饭的时间，是各家庭成员陈述当天发生的事情、加深相互了解以及教会孩子饭前说"我开吃了"，饭后通过"我吃饱了"的方式表达谢意等社会常识的最佳时机，因此，吃饭时要尽量确保全家在一起。

最初阶段，妈妈要教会孩子正确的拿勺方法，尽量让孩子独立舀取食物；在孩子独自努力完成动作时，对孩子乱撒食物的行为予以宽容，不要随便叱责孩子；孩子吃的速度减慢、开始边玩边吃时，要进行制止。以此来培养孩子集中精力专心吃饭的习惯。

🧠 大脑教室 ···

家庭成员间的交流同样重要

全家一起吃饭，在教会孩子正确吃饭方法的同时，还能够加深家庭成员间的交流。吃饭过程中，妈妈要教会孩子餐具的握持方法；首先对食物进行观察再放入口中等动作的先后顺序；以及一手拿勺、另一手扶住盘子的正确吃饭姿势等等。除此之外，为了培养孩子正确的生物钟，要对其吃饭的开始、持续时间加以控制。

独立吃饭

　　宽容看待孩子将食物弄撒弄乱的行为，优先考虑孩子是否具有想要独立吃饭的意图。孩子成功完成动作后给予表扬。

正确拿、捏勺子

通过做示范，教给孩子正确的握勺方法，即用拇指、食指、中指捏住勺柄。

传授餐桌礼仪

通过告知"我开吃了"、"我吃饱了"的方式，教给孩子正确的餐桌礼仪。

制止孩子边吃边玩的行为

为了培养孩子集中精力、专心吃饭的习惯，
当孩子开始边吃边玩时，要进行制止，帮助孩子
收拾弄乱的食物等。

换尿布

让孩子了解快感的含义，培养其做事的积极性

学会行走后，孩子会变得异常活跃，妈妈换尿布工作的难度随之大幅度增加。在此想要提醒的是，妈妈可以有效利用给孩子换尿布的时间，培养孩子的"不动反应"。

具体可参照以下方法：首先发出"妈妈要给你换尿布了，你要老实一点"的告知，让孩子平躺在床上。若孩子产生抵触情绪，不断地乱蹬双腿，妈妈要发出"别动"等严厉的制止的声音，同时双手放在孩子大腿处，稍加用力制止孩子乱动的行为；孩子听话地老实待到换完尿布后，要通过"是不是舒服了"、"宝宝真听话，没有乱动，谢谢宝宝"等方式给予表扬。

除此之外，作为表扬，为孩子留出更多的不穿尿布玩耍的时间，能够使孩子对换尿布后玩耍的时间产生期待，听话地保持不动，直到妈妈完成换尿布的动作。若孩子无论如何都不听话，妈妈就要变表扬为相应的惩罚了。

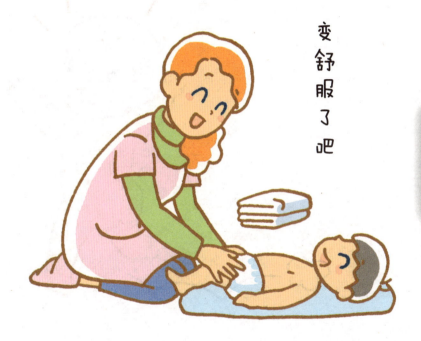

变舒服了吧

通过脱掉尿布进行玩耍，进一步增强大脑的活动

　　1岁左右时，孩子的身体活动会突然增加，此阶段内，妈妈最好能够给予孩子更多的脱掉尿布进行玩耍的时间。除此之外，到这一阶段时，孩子大腿根部的"蹼"会逐渐消失，孩子开始掌握正确的迈步、行走方法。若担心孩子大小便漏出，可以为其穿上特制的运动用内裤。

由于孩子的活动具有不确定性，为了避免受伤，在让其玩耍前，要对房间的环境进行整理。

 **大脑教室**

通过身体接触，让孩子体会快感

　　妈妈要告诉孩子，换过新的尿布后，身体会更加舒服。换尿布前，妈妈最好对孩子大腿根至脚趾尖部位来回地进行按压性按摩；正面完成后，让孩子翻过身趴在床上，重复以上按摩过程。由于此按摩能够带给孩子压力的刺激，而非单纯的感觉刺激，所以孩子更容易感受到相应的快感。

问与答

久保田式育儿法

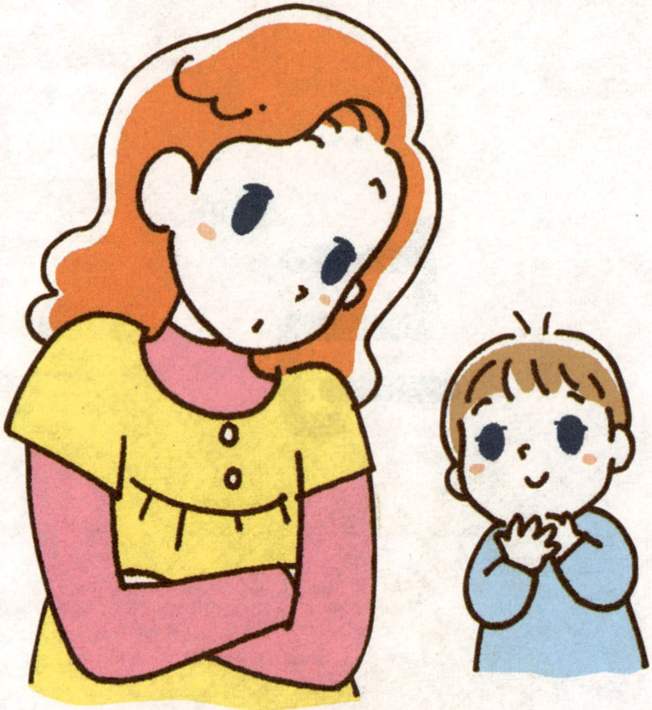

问1 我的孩子已经快2岁了，还不会说话，我应该怎么办？

答 要有耐心、有毅力，不断对孩子进行相应动作的告知。

　　建议您首先确认一下孩子的听力是否存在问题。具体可参照以下方法：发出一些声音，若孩子向发声处转头，说明孩子听力能够听到声音；若孩子没有反应，则需要带孩子到耳鼻喉科进行检查、诊断。

　　此外，若只进行告知，而不对控制孩子语言理解能力的语言区施加刺激，孩子同样不会掌握说话的方法。若您之前阶段没有对孩子的语言区进行相应的训练，最好抓紧时间，从现在开始，将周围存在的事物告知给孩子，施加适当的刺激。

　　若妈妈的告知不存在问题，则有可能是由于孩子还没有完全掌握发声时需要用到的正确的呼吸方法。若是此种情况，则需要对孩子进行呼气吸气的练习，如，让孩子吹玩具喇叭；或将吸管插入水中，引导孩子进行吸入、呼出的练习，等等。需要提醒的是，若除了不会说话外，孩子的日常生活一切正常，则妈妈完全不用担心，只要有毅力、不间断地对孩子进行告知练习，孩子开口说话的时刻总会到来。

问1 我的孩子个头非常小，很多其他孩子能够做到的事，他都不能完成，应该怎么办呢?

答 首先，需要妈妈寻找出孩子能做与不能做的具体事情。

无法做到，说明控制孩子此项能力的区域还未开始正常发挥作用。因此，妈妈首先要找出孩子不能做的具体事情，尽量多地增加此方面的训练。

不同于0岁时期以游戏为主的练习，针对1岁孩子的训练方法更注重对孩子行走、使用双手能力的培养，学习的意味更强。

学习的过程中，为了确保训练能够长久地进行下去，妈妈必须适当激发孩子的干劲。具体训练时，妈妈要事先确立总的训练方针，做好一定的心理、身体准备，选择适当的方法。需要提醒的是，一定不要忘记将自己的情感传递给孩子。

书中介绍了很多的方法，具体应该从哪种方法开始呢？

答 孩子满1岁后，训练的重点要放在行走能力的培养方面。

　　孩子能够双腿站立、行走后，要立即对孩子进行行走的训练。行走的过程中，孩子的额叶联络区会得到有效锻炼。因此，每天让孩子行走一段时间，会使孩子在接受其他的训练方法时更加得心应手。需要提醒的是，在行走练习过程中，妈妈要不断地发出相应的告知，确保孩子大脑的不同部位都能够受到适当的刺激。

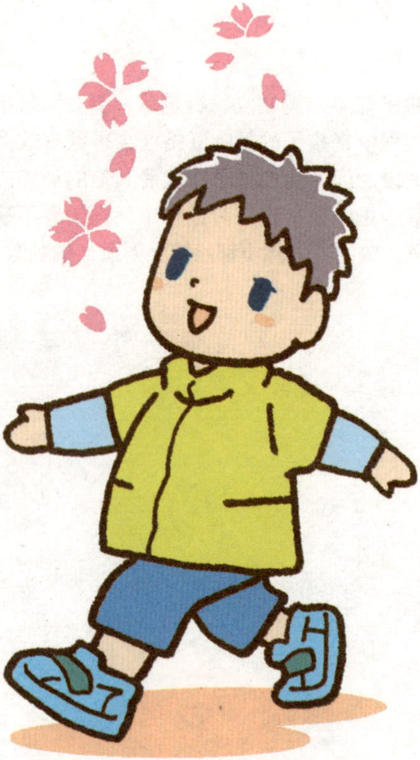

问1 孩子不会用三根手指握勺，应该怎么训练，才能使他掌握正确的方法呢？

答 妈妈将手放在孩子的手上面，教会孩子正确的方法。

首先，妈妈要与孩子并排而坐，正确地握住勺子，让孩子进行观察。教给孩子正确的方法时，妈妈首先要放缓动作，让孩子能够看清手部的每一个细节动作，再引导其进行模仿。若孩子还是无法做到，妈妈就要用手轻轻地从上方握住孩子的手，让其记住握勺动作的手部相应感觉。

孩子一旦掌握了错误的方法，对其进行纠正需要花费大量的时间，因此，妈妈一定要确保孩子最初学会的就是正确的方法。

问1 孩子总是提不起兴致，我说什么他都不听，应该怎么办？

答 做好足够的心理准备，
直面孩子的挑战。

　　正如我在之前的逆反期一节（第18页）中介绍的那样，孩子对事物失去兴致是由于其额叶联络区的发育还不够完全。除此之外，某种特定原因的存在也能够使孩子对事物失去兴致，因此，妈妈要认真、准确地寻找出引起孩子产生逆反情绪的原因。当孩子由于疼痛、不快或恐惧而产生抵触情绪时，妈妈千万不能强行让孩子完成动作。

　　无论是以上哪种原因，当孩子提不起兴致时，妈妈一定不要采取放任不管的态度，否则会严重影响孩子大脑的发育。

　　孩子满1岁后，已经具备一定的体力和智力，若孩子仅仅是因为任性、心血来潮地抵触相应的训练，则需要妈妈采取一定的惩罚措施。

　　妈妈要时刻牢记自己为人父母的骄傲与责任，直面孩子的各种挑战。

问1 与此书配套的0岁教育的书籍已经出版了，0岁教育中介绍的游戏等也需要让孩子进行练习吗？

答 建议您有机会尝试运用一下，但不是必须的。

· ·

　　若跳过0岁教育中介绍的相应训练，直接开始1岁阶段的练习，对孩子来说难度可能相对会大一些。因此，根据孩子本身的生长发育情况，建议各位妈妈首先从0岁教育的各种方法开始，对孩子进行相应的训练。

　　但是，正如前文提到的那样，1岁教育的主要内容就是行走的训练，若孩子已经能够完成站立、向前迈腿的动作，不妨试着直接进入1岁教育阶段，让孩子进行行走的练习。对孩子来说，不断接触新鲜的事物是一件令人开心的事，在轻松愉快的氛围中完成各种训练，能够有效促进其大脑的发育。

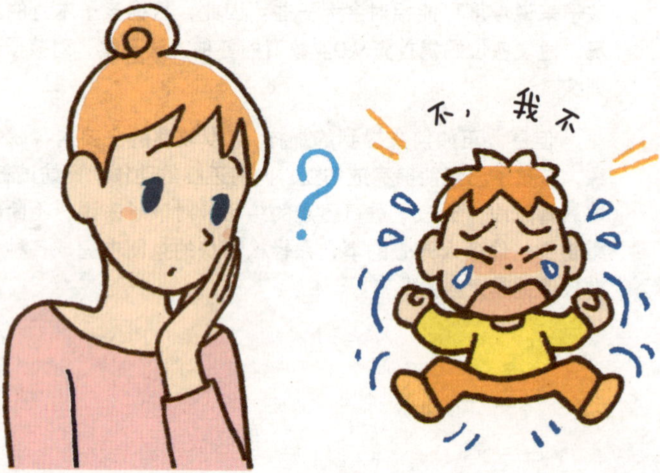
不，我不

问1 我的孩子是男孩，但却非常喜欢洋娃娃，会不会有什么不好的影响？

答 为避免孩子的兴趣过于单一，您需要时不时地让孩子进行一些男孩子游戏的训练。

孩子满1岁后，不同性别的孩子在兴趣、喜欢的游戏方面会出现一定程度的差异。在此阶段，妈妈一定不要让孩子随着自己的兴趣来，无论是男孩还是女孩都要进行相同的训练。妈妈有意识地同时将男孩、女孩喜欢的游戏运用到练习中，能够有效避免孩子兴趣过于单一情况的发生。

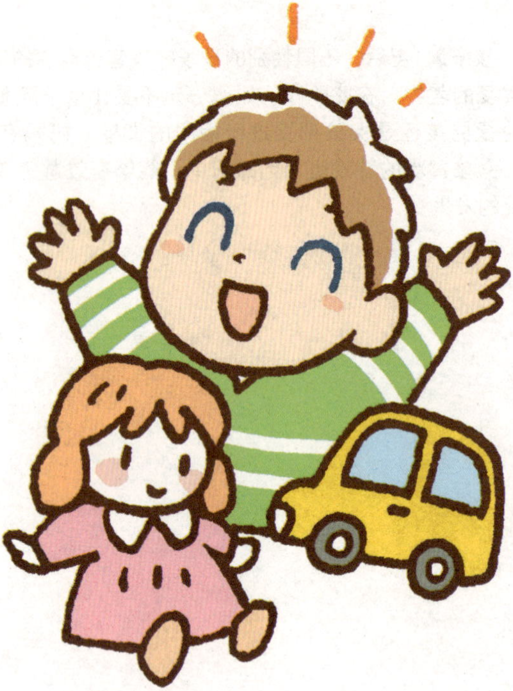

我正在教孩子说英语，如果这时添加书中的训练方法，会不会有什么冲突呢？

答 完全没有冲突，可以多种方法同时进行，不断对孩子的大脑施加适当的刺激。

　　对孩子大脑进行适当的刺激，促进大脑的相应活动是久保田法的主要目标。让孩子学习英语，能够对其大脑施加新的刺激，因此，只要孩子不产生抵触情趣，完全没有问题。

　　除此之外，对孩子进行英语教育能够增加孩子的单词量，即，孩子在记住"苹果"这一单词的同时，还能掌握"apple"的含义。需要提醒的是，若在孩子1岁左右时就教给其字母、语法等，会引起孩子的大脑混乱，因此，针对字母、文字、语法等内容的传授一定要在孩子成功掌握拼音、汉字之后再进行。

问1 孩子已经能够成功完成相应的训练了，还需要不断重复相同的练习吗？

答 妈妈需要增加训练的种类，逐渐提高训练的难度。

　　孩子掌握相应的动作方法后，立即停止训练，会导致神经回路减少，使之前所有的努力都付诸东流。但是，单一动作的反复重复会让孩子产生厌倦的情绪，因此，妈妈要根据孩子成长速度、对动作的掌握情况，逐渐地增加训练的难度。

TITLE：［天才脳を育てる1歳教育］

BY：［久保田　競］

Copyright © Kisou Kubota 2009

Original Japanese language edition published by Daiwa Shobo Co.,Ltd.

All rights reserved. No part of this book may be reproduced in any form without the written permission of the publisher.

Chinese translation rights arranged with Daiwa Shobo Co.,Ltd.

Tokyo through Nippon Shuppan Hanbai Inc.

图书在版编目（CIP）数据

打造天才大脑的1岁教育/（日）久保田竞著；杜菲译.—沈阳：辽宁科学技术出版社，2012.4

ISBN 978-7-5381-7361-1

Ⅰ.打…　Ⅱ.①久…②杜…　Ⅲ.婴幼儿—智力开发　Ⅳ.①G610

中国版本图书馆CIP数据核字（2012）第021101号

策划制作： 北京书锦缘咨询有限公司(www.BOOKLINK.com.cn)

总 策 划： 陈 庆

策 划： 李小青

装帧设计： 季传亮

出版发行： 辽宁科学技术出版社

　　　　　　（地址：沈阳市和平区十一纬路29号　邮编：110003）

印 刷 者： 北京瑞禾彩色印刷有限公司

经 销 者： 各地新华书店

幅面尺寸： 148mm×210mm

印 张： 5

字 数： 120千字

出版时间： 2012年4月第1版

印刷时间： 2012年4月第1次印刷

责任编辑： 卢山秀　谨 严

责任校对： 合 力

书 号： ISBN 978-7-5381-7361-1

定 价： 26.00元

联系电话：024-23284376

邮购热线：024-23284502

E-mail：lnkjc@126.com

http：/www.lnkj.com.cn

本书网址：www.lnkj.cn/uri.sh/7361